LE PETIT LIVRE À OFFRIR à un amoureux DES MOTS

parce que
rien que dans le titre
il y a deux fois le mot livre
et quatre fois le mot mot

JE VOUS AIME
À LA FOLIE
VOUS BRULEZ
SOYEZ SAGE
UN PEU

Chers Mots,

Vous ne serez pas étonnés de trouver dans les premières pages d'un petit livre qui nous est destiné, nous qui avons en commun d'être amoureux de vous, notre déclaration.

Que cela soit donc dit ici sans détour : nous vous aimons. Et nous vous aimons tous.

Bien sûr, chacun d'entre nous peut avoir ses petites préférences et ses détestations, mais cela pèse si peu en regard de notre ferveur lexicale. Notre amour porte sur le vocabulaire tout entier et nous chérissons chaque mot pour la seule raison qu'il est un mot. Même le mal orthographié, même l'inventé, même l'incompris, même l'étranger, nous l'aimons.

Nous aimons les petits et les gros mots, les mots longs et les mots courts, les mots légers et les mots lourds. Nous aimons les vilains mots, les mots clairs, les mots obscurs, les mots lâchés, les mots couverts, les mots de travers. Nous aimons les mots simples, les compliqués, les tendres, les doux, les durs, les savants, les familiers et les grossiers.

Nous aimons les articles indéfinis, les verbes réfléchis et les noms à coucher dehors.

Nous aimons les mots exotiques, parvenus de lointains voyages, intimidants et toujours un peu indomptés, bizarres comme des okapis, extravagants comme des rastaquouères.

Nous aimons les archaïques, venus de la nuit des temps, éclopés, altérés, compromis mais toujours là, reconvertis, dissimulant leurs vieilles guerres sous le masque de leur dernier emploi.

Nous aimons les nouveau-nés, les inouïs en mal d'usage, revendicatifs et nerveux, mais incertains encore de leur légitimité.

Nous aimons les rares et les précieux, à la santé délicate, qu'un courant d'air menace toujours d'extinction définitive, qui sortent peu.

Nous aimons les techniques, les professionnels, précis et droits, qui n'ont pas la conscience de leur beauté et se prennent au sérieux.

Nous vous aimons, chers mots, parce que vous êtes joueurs, que vous vous cachez malicieusement, vous tapissez l'un dans l'autre, un peu mutants, un peu caméléons.

Nous aimons vos ambiguïtés, vos ressemblances fallacieuses, vos voisinages, vos fausses amitiés.

Nous aimons vos irrégularités, vos bizarreries, vos illogismes, vos pièges et vos difficultés.

Nous aimons vous goûter, vous savourer avec gourmandise, vous retenir sur le bout de la langue, et puis vous articuler, laisser retentir votre singulière musique, entendre le coup sec du *blitz,* le sifflement des *fesses,* le trépignement rageur du *scrogneugneu.*

Nous aimons vous lâcher, vous chuchoter, vous chanter, vous souffler, vous crier, vous marteler.

Nous aimons vous lire et vous observer, émerveillés de vous trouver si bien faits, charmés par les o de *Cologne,* ravis de trouver de l'l dans le *plomb.*

Nous aimons vos surgissements abracadabrantesques, vos redondances piétinantes, vos enchaînements chaloupés.

Nous aimons vous choisir, vous griffonner puis vous désavouer, vous raturer, vous oublier et vous reprendre.

Nous aimons vous rapprocher, vous présenter l'un à l'autre, vous agencer, vous appareiller, vous jumeler, vous accoler, vous mettre l'un dans l'autre.

Nous aimons vous singulariser, vous féminiser, vous verbaliser, vous substantiver, vous conjuguer, vous décliner.

Nous aimons vous martyriser, vous raccourcir, vous étêter, vous équeuter, vous débiter, vous épeler, vous arracher les lettres, vous secouer, vous décoiffer.

Nous aimons vous crever le ventre, vous écarteler, vous énucléer, vous maquiller, vous trahir, vous manquer de respect, vous déshonorer.

Nous aimons vous inventer.

Comment, sans vous, pourrait-on parler de vous et vous dire, au cas où vous ne l'auriez toujours pas compris, que nous vous aimons par-dessus tout ?

Faut-il vous faire un dessin ?

Au commencement était le verbe

Sur ce point, le Bescherelle semble rejoindre la Bible. Le verbe est en effet l'élément pivot de la phrase : si on le supprime, on prive les mots du lien qui les y rassemble et elle devient difficile à comprendre. Mais on peut très bien écrire une phrase sans verbe. Pour preuve, celle-ci. La conjugaison, avec ses irrégularités et ses exceptions, est le cauchemar de nombreux écoliers. Elle offre pourtant des occasions d'étonnement et la possibilité de jouer avec le langage. En voici quelques exemples. Il ne tient qu'à vous de poursuivre la liste.

Censurer : Il se sent sûr, elle se censure.

Chaloir / choir : Peu me chaut qu'il choit.

Éprendre : Tel épris qui croyait prendre.

Fiche : Un verbe à l'infinitif a toujours un R quelque part, il faut se fiche ça dans la tête !

Gésir : Un GI gît.

Homophonie : Le père le perd, le vent le vend, le rang le rend, le sort le sort,

le lit le lit, le mou le moud, le coup le coud,
le bois le boit, le crin le craint, le pain le peint,
le bas le bat, la soie l'assoit, le doigt le doit,
le cerf le sert, le veau le vaut, le trait le trait,
le sang le sent, le tien le tient.

Occire : L'oxydant l'occit dans l'Occident.

Ouïr : Relis le conte afin que ma mère l'oie.

Plaire : Sous l'édredon nous nous plûmes.

Plaire / pleuvoir : Il et elle avaient plu toute la journée.

Rassir / Rasseoir : Le bâtard se rassit.

Traire : On ne trait pas au passé simple.

Saillir : Le mâle saillit, son sperme saille.

Savoir / taire : L'ayant su, l'eus-tu tu ?

Succession : La phrase « Il a dû vouloir venir faire chier, allez savoir. » contient un pronom personnel et huit verbes consécutifs.

Valoir : Le maître le valait.

Des mots démodés

Poussiéreuses, ces expressions ?
Une bonne raison de les ressortir. On peut aimer leur charme désuet, voire le trouver vintage.

UN BEAU BRIN DE FILLE. ON S'EN EST PAYÉ UNE BONNE TRANCHE. IL S'EST FAIT SOUFFLER DANS LES BRONCHES. EN VOITURE, SIMONE ! COMME QUI RIGOLE. C'EST BÊTE COMME CHOU. AU PLAISIR ! IL EST CHOUETTE, TON FUTAL. JE T'AI FAIT LA NIQUE. IL EST LOUF ! OH, LA VACHE ! HAUT LES MAINS, PEAU D'LAPIN, LA MAÎTRESSE EN MAILLOT DE BAIN. EN ROUTE, MAUVAISE TROUPE ! T'AS L'BONJOUR D'ALFRED ! IL EST DANS LE VENT. MER...CREDI ! ET MON CUL, C'EST DU POULET ? Y A DU MONDE AU BALCON. ELLE EST BELLE COMME UN CAMION. FAUT PAS POUSSER MÉMÉ DANS LES ORTIES. C'EST REPARTI COMME EN 14 ! LÂCHE-MOI LES BASKETS ! C'EST UN LOUBARD. J'AI LES GLANDES. BONJOUR L'ANGOISSE ! C'EST PAS TRISTE. SAPERLIPOPETTE ! T'ES GOGOL ? BISQUE, BISQUE, RAGE. PUNAISE ! FASTOCHE ! MINUTE, PAPILLON ! À FOND LES BALLONS. PURÉE ! C'EST UNE CHIC FILLE. T'ES IN. C'EST DANS LA POCHE !

DIS-MOI TON PRÉNOM ET JE TE DIRAI...

TON HABIT

Jean est en blue-jean / Paul en pantoufles
Gabin en gabardine / Igor en peignoir
Marcel en marcel / Anne en saharienne
Rose en barboteuse / Ida en Adidas
Aude en Aubade / Ringo en redingote
Serge en soutien-gorge / Gilles est en guenilles

TON MÉTIER

Léon est dans la légion / Julie dans le journalisme
Éric dans l'électricité / Anne dans la maçonnerie
Henri dans la charpenterie / Marine dans la maroquinerie
Roger dans l'horlogerie / Marie dans la métallurgie
Romain dans la programmation / Gaston dans la signalisation
Martin dans le marketing / Marthe dans la macrophotographie
Prisca dans le périscolaire / Alice dans la salmoniculture
Brice dans l'arboriculture / Émile dans l'épidémiologie
Rosy dans la neuropsychiatrie / Élodie dans l'éléctrocardiographie
Édith dans la téléradiothérapie / Sophie dans l'astrophysique
Claire dans le nucléaire / Rosalie dans la radiocristallographie
Louis et Lucas sont dans les télécommunications
Corinne et Crespin dans le contre-espionnage

TON ÉTAT

Nina vit en concubinage / Ninon est dans l'indignation
Patrice est dans le ventre d'une procréatrice
Renaud se retrouve dans un attrape-nigaud
Emma est en plein remue-ménage / Anna est dans l'anonymat
Ignace dans l'ignorance / Rosa est en croisade
Alain en pleine hallucination / Ange en danger
Luc en déliquescence / Mélanie en pleine mégalomanie
Alex en apoplexie / Théo en apothéose

Cha - mot

Il voit son maître à l'aurore
reprendre la route encore
Mon Dieu, que le **nomade erre** !
compatit le **dromadaire**

Il s'offre une polenta
lundi et jeudi recta
Douceur bi-heb**domadaire**
déclare le **dromadaire**

Son orthographe, et comment !
n'est pas sûre assurément
Sais pas combien **« Drôme »** a d'R
confesse le **dromadaire**

Au théâtre toujours, il est une célèbre pièce de Shakespeare dont il faut se garder de prononcer le titre et que l'on désignera comme **« LA PIÈCE ÉCOSSAISE »** ou **« LA TRAGÉDIE ÉCOSSAISE »**. On ne prononcera même pas le nom du personnage principal féminin, que l'on se contentera de nommer **« LADY M »**. Simple superstition, mais il semblerait qu'à chaque fois qu'elle a été jouée, elle a provoqué des accidents, la mort des acteurs ou la ruine du théâtre…

Si vous voulez souhaiter réussite et succès, contentez-vous de dire: **« MERDE ! »** L'origine de cette expression vient, elle aussi, du théâtre: quand une pièce avait du succès, les attelages qui stationnaient derrière le théâtre déposaient une belle quantité de crottin. À cet encouragement, surtout ne rien répondre. Ou alors dire : « Je le prends. »

Les pinacogrammes de Gilles Esposito-Farèse

Les pinacogrammes sont des portraits dessinés avec les lettres du nom de la personne représentée. Comme l'explique leur inventeur et créateur, « toutes les lettres doivent être utilisées, et une seule fois chacune, sans ajouter de traits étrangers au nom propre. Elles peuvent être légèrement déformées pour améliorer la ressemblance, mais doivent néanmoins rester lisibles ». Après avoir réalisé les pinacogrammes des membres de sa famille et de ses amis, Gilles Esposito-Farèse s'est attaqué à ceux de personnalités fameuses. En voici quatre. Appréciez la ressemblance !*

* Les Nouvelles d'Archimède *n° 41, janvier 2006.*
On peut admirer les pinacogrammes de Gilles Esposito-Farèse sur la Gef's Pinacogram Gallery : http://www.gef.free.fr/pinacograms.html

Aux grands mots, les grands remèdes

Plus la chimie est fine, plus les mots sont longs.
Et ils ont une musicalité si envoûtante
qu'on pourrait les prendre pour des noms de dieux.

Acétazolamide

On l'utilise (entre autres) pour traiter
le mal des hauteurs et les intoxications aux barbituriques.

Acétylcystéine

Dissout les mucus produits lors des troubles respiratoires.

Alprazolam

Permet de traiter les troubles de l'anxiété.

Azithromycine

Cet antibiotique macrolide du groupe des azalides
agit contre les infections des tissus mous.

Benzodiazépine

Soulage l'insomniaque.

Carboxyméthylamidon

Grâce à lui, les comprimés résistent à l'acide gastrique présent dans l'estomac.

Chloramphénicol

Attention, cet antibiotique peut provoquer
une aplasie médullaire.

Chlorhydrate d'acébutolol

Ce bêta-bloquant est utilisé comme antihypertenseur.

Dextropropoxyphène

Ce dérivé de la morphine, mais quinze fois moins puissant qu'elle, est indiqué dans les douleurs d'intensité modérée.

Hydrochlorothiazide

C'est un diurétique.

Lopéramide

Voyageur, emporte-le dans tes bagages, en cas de diarrhée fais-en usage.

Méthylhydroxypropylcellulose

Cet excipient prévient le dessèchement des muqueuses.

Phloroglucinol

Cet antispasmodique musculotrope de la famille des benzenetriols calme les douleurs des colites.

Pipéracilline et tazobactam

Un cocktail très efficace contre les entérocoques.

Racécadotril

Cet inhibiteur de l'enképhalinase intestinale est un antidiarrhéique.

Tétrahydrocannabinol

Contenu dans le cannabis, il semblerait avoir des effets analgésiques.

Théophylline

Présent dans les feuilles de thé, cet alcaloïde du type méthylxanthine, agit comme diurétique, comme psychoanaleptique et comme bronchodilatateur.

C'est le genre de mots…

dont on ne sait jamais le genre.

une alcôve,
une anagramme,
une apocalypse, une clepsydre,
une drachme, une écritoire,
une épigramme, une épître,
une équivoque, une interview,
une oasis, une prémisse,
une séquelle

un ou une
après-midi,
un ou une
clope,
un ou une
goulasch,
un ou une
thermos

un alvéole,
un antre, un aparté,
un apogée, un armistice,
un chrysanthème,
un déboire, un effluve,
un éloge, un entracte, un faste,
un hémisphère, un interstice,
un intervalle, un leitmotiv, un obélisque,
un planisphère, un succube, un tajine,
un tentacule, un testicule,
un tubercule

Mots-mots

Les mots-mots sont des mots qui, précédés du mot « mot », donnent un autre mot. En voici quelques exemples.

Le mot Mans est souvent associé à 24 heures.

Les mots l'os font rêver les chiens.

Le mot rose ne voisine pas si souvent avec le bonheur.

Le mot sad est triste en Angleterre.

Le mot race est souvent utilisé par l'extrême droite.

Le mot laid est ignoré de ceux à qui ça fait une belle jambe.

Les mots **no game** limitent le jeu collectif.

Le mot **vêtant** encourage à se couvrir.

Le mot **cœur** mérite rarement d'être qualifié de bon.

Le mot **lierre** désigne le laurier au théâtre.

Les mots **des rations** sont mesure et parcimonie.

Le mot **rbleu** est rarement prononcé.

Le mot le plus long

Le mot le plus long jamais connu est :

C'est le nom d'un plat inventé par Aristophane
dans sa comédie *L'Assemblée des femmes*.

Ce plat, une sorte de fricassée,
a été créé pour plaire à tout le monde.

Son nom est donc composé d'un grand nombre d'ingrédients, parmi lesquels on peut reconnaître des tranches de poisson, des ailes, des nageoires, du crabe, de l'aigle, de la grive, du merle, du pigeon, du poulet, du lièvre, du fromage, du miel, du vinaigre, du concombre, du vin, des fruits…

Dans la comédie d'Aristophane, il s'étalait sur 6 vers et demi et occupait (en grec) 171 caractères.

Dans la translittération proposée ici, le mot le plus long occupe 182 caractères. Le compte est bon !

Un petit mot de sport

Cette phrase contient toutes les lettres de l'alphabet, à l'exception de la lettre U. C'est un lipogramme en U.

L'été, en France, avec ses
Eddy Merckx grimpe des

cinq potes de Zwijndrecht,
cols et grille des bornes.

En remplaçant les O par des U, on obtient un lipogramme en O.

Noms d'oiseaux

En place des éternels
bécasse, butor, faisan, dinde *ou* pingouin,
on pourra renouveler ses insultes en utilisant
ces authentiques noms d'oiseaux.

VA DONC, EH,

jaseur de Bohème !

ALBATROS HURLEUR !

ALOUETTE LULU !

CUL BLANC !

cisticole des joncs !

canard à bosse !

INDICATEUR D'ASIE !

BAGADAIS DU ROI ALBERT !

GRÉBIFOULQUE MASQUÉ !

bécassine sourde !

alcyon à grand bec !

ATRICHORNIS BRUYANT !

GROS-BEC !

faux bulbul de Nouvelle-Guinée !

MOUCHEROLLES À QUEUE-EN-CISEAUX !

farlouse !

bec-ouvert !

kagou !

BERNACHE À CRINIÈRE !

BUZARD PÂLE !

LUSCINIOLE À MOUSTACHES !

gypaète barbu !

FOU À PIEDS BLEUS !

bruant zizi !

tyran à ventre jaune !

GOGLU !

CHASSE-MERDE !

MARTINET À CROUPION BLANC !

CACATOÈS BANG-BANG !

dur-bec ordinaire !

lagopède à queue blanche !

casse-noix !

ENGOULEVENT CRIARD !

MILOUIN AUX YEUX ROUGES !

MOQUEUR À TÊTE BLANCHE !

mésangeai imitateur !

ROI DES GOBE-MOUCHES !

macreuse à lunettes !

GANGA CATA !

ROSELIN CRAMOISI !

GOBE-MOUCHES FISCAL !

buse pattue !

PARDALOTE POINTILLÉ !

chevalier aboyeur !

grand-bec en fourreau !

COURVITE À COLLIER !

PÉLICAN FRISÉ !

BARBU À GORGE BLEUE !

calao à cuisses blanches !

kamichi cornu !

Sens des mots/ sens des lettres

*Les définitions ci-dessous
sont des distiques anagrammatiques.
La définition de chaque mot est donnée
par une double anagramme
de son nom.*

TRAGÉDIE

TIRAGE DE
RAGE DITE

SOUVENIR

ENVOI SUR
UN REVOIS

PATERNITÉ

PRENAIT ET
PÉNÉTRAIT

TOMBEAU
EMBOUT À
BEAU MOT

ARMÉE
AMÈRE
MARÉE

PINES
PÉNIS
EN PIS

TRAÎTRE
ATTIRER
ET TARIR

SÉDUIRE
SÉRIE DU
DIRE USÉ

CANOË
CÔNE À
OCÉAN

GÉRANT
RANG ET
ARGENT

MALADE
LA DAME
DE LAMA

DISPUTE
PISTE DU
STUPIDE

BAISER
BRISE À
BRAISE

Cent mots dire

*Regardez ces mots. C'est bien du français, n'est-ce pas ?
Et pourtant, aucun de ces mots n'existe dans notre langue.
Bizarre… Ces mots sont déjà les nôtres, mais nous ignorons
ce qu'ils désignent. Il nous reste à l'inventer.*

ploiquer gâtelure

polyquestre exhormir lonchailles

madouk

fresuler glème aguêtir

laftement hégueux boustakhovisme

gagoule pernitable

s'immogrer jabaste aluménant bouste-frangue

placucille triustre gredonler

gestitionisme pastaquet

lucanelle drack creck brésif

zile draquin

arpatoire hirat triphalant lypestre

gasforément bacal erbatine polystol effiline

se dénailler dorescence estrugant darmoneux

emmanler cavétaline grémond gavanement

tirde évangonder ébernir

simanette guirdel toze madéfrant

esbacal jumignon hartidique buzaheur nestricien

flutache béhisse vergriner

débargasse émase

tozarin fertance lernelle grotun débanné

fadicieux égondre frédoux préaguer

ribertin craloupette

poustard muit chubigond

enchaver quévrir sporeste serfadin onésime

kofting amélation

débertaire strobilure choliguet frot grétillon

fulabile jajiru

débalgie drême roil azequal landre

gaspalois martition kwutt illonasme boussaladeur

Ophtal-mots

Les lettres des plaques des tests de vision forment des mots insensés. Pourquoi ne pas profiter de ce temps de lecture concentrée pour transmettre un message aux patients ? En voici deux, un pour chaque œil.

ŒIL GAUCHE

CE

N'EST

PAS PARCE QUE

VOUS LISEZ CETTE PHRASE

QUE VOUS NE PAYEREZ PAS LA CONSULTATION

VOUS VOYEZ TRÈS BIEN QUE VOUS N'AVEZ RIEN À L'ŒIL

ŒIL DROIT

Éponymes

Ils ont laissé leur nom (ou leur prénom) à ce qu'ils ont inventé, défendu, initié ou inspiré.

LEO BAEKELAND (1863-1944), chimiste belge, inventeur de la BAKÉLITE.

LOUIS DE BÉCHAMEIL (1630-1703), gourmet éclairé, à qui fut dédiée la sauce BÉCHAMEL.

SÉBASTIEN BOTTIN (1764-1853), administrateur français qui rédigea les premiers répertoires professionnels.

GIUSEPPE BORSALINO (1834-1900), chapelier piémontais créateur d'un célèbre feutre.

AMBROGIO CALEPINO (1435-1511), savant et religieux italien auteur d'un dictionnaire polyglotte. Le mot CALEPIN désigna peu à peu un dictionnaire, puis un agenda et, par extension, un petit carnet.

GEROLAMO CARDANO (1501-1576), médecin et mathématicien italien, inventeur du CARDAN.

WILLIAM DE CADOGAN (1675-1726), général anglais qui lança la mode du CATOGAN chez les hommes.

RUDOLF DIESEL (1858-1913), ingénieur allemand qui mit au point le moteur à combustion interne.

ALEXIS GODILLOT (1816-1893), qui confectionna de solides chaussures pour l'armée française.

JOSEPH GUILLOTIN (1738-1814), médecin et homme politique français qui fit accepter l'usage de la GUILLOTINE pour abréger les supplices de la condamnation à mort.

ROY JACUZZI industriel italien qui inventa et commercialisa, en 1968, sa célèbre baignoire à remous.

WILLIAM LYNCH (1736-1796), juge de paix américain qui instaura des procès expéditifs et dont le nom donna naissance au mot LYNCHAGE.

MADELEINE PAUMIER servante de la marquise Perrotin de Beaumont, qui fit, en 1755, pour le duc Leszczynski, le gâteau qui porte son prénom.

FRANÇOIS MANSART (1598-1666), architecte français inventeur du toit à deux pentes qui permet de créer une MANSARDE.

JOHN MC ADAM (1756-1836), ingénieur britannique qui mit au point une nouvelle technique de revêtement des chaussées, LE MACADAM.

MAUSOLE (mort vers -350), satrape de Carie dont le tombeau si monumental fut le premier **MAUSOLÉE**.

JOSEPH ET JACQUES MONTGOLFIER (1740-1810 et 1745-1799), inventeurs et constructeurs des premières **MONTGOLFIÈRES**.

NELLIE MELBA (1861-1936), cantatrice australienne en l'honneur de laquelle le Français Escoffier créa un dessert glacé à base de pêche.

SAMUEL MORSE (1791-1872), peintre américain, développeur d'un alphabet télégraphique.

JEAN NICOT (1530-1600), ambassadeur français au Portugal qui introduisit le tabac en France, et qui a laissé son nom à la **NICOTINE**.

LOUIS PASTEUR (1822-1895), chimiste et biologiste français, inventeur de la **PASTEURISATION**.

EUGÈNE POUBELLE (1831-1907), préfet de Paris, qui obligea les Parisiens à déposer leurs ordures ménagères dans des réceptacles munis de couvercles.

LOUIS RUSTIN (1880-1954), industriel français qui inventa la **RUSTINE**.

EUGEN SANDOW (1867-1925), culturiste allemand qui utilisait des appareillages à lanière de caoutchouc pour ses entraînements.

ADOLPHE SAX (1814-1894), facteur d'instruments de musique belge, inventeur du **SAXOPHONE**.

JOSEPH OPINEL (1872-1960), coutelier savoyard qui mit au point son fameux couteau.

FERDINAND VON ZEPPELIN (1838-1917), inventeur allemand des aéronefs qui portent son nom.

Anonymes

Il était une fois quatre personnes qui n'étaient ni inventeurs, ni découvreurs, ni créateurs, ni innovateurs, ni même célèbres… mais qui furent, bien involontairement, à l'origine d'expressions ou de mots de notre langue.

SIMONE DE BORDES DES FOREST

Il était une fois une jeune fille de bonne famille qui, en 1929, à l'âge de 19 ans, passa son permis de conduire. Ce n'était déjà pas si courant à l'époque, mais Simone de Bordes des Forest ne s'arrêta pas là. Elle devint championne de courses automobile, provoqua l'admiration de Fangio, dirigea une auto-école et, consécration suprême, reçut le Volant d'Or de l'Automobile-Club d'Auvergne. C'est elle qui est à l'origine de l'expression « En voiture, Simone ! » (et non pas, comme on le pense souvent, Simone Garnier, continuellement interpelée ainsi par Guy Lux dans les émissions *Interville*, ce qui popularisa l'expression).

MONSIEUR PAPILLON

Il était une fois, avant la guerre, un serveur au Café du Cadran, à Paris, que fréquentaient les journalistes du *Canard enchaîné*. Monsieur Papillon (c'est son nom) calmait l'impatience des clients en répétant toujours : « Minute, s'il vous plaît ! » ou « Minute, j'arrive ! ». C'est lui qui est à l'origine de l'expression « Minute, papillon ! ».

OSCAR PIERCE

Il était une fois, à Milwaukee, dans le Wisconsin, un modeste marchand de fruits et légumes que rien ne prédestinait à la célébrité. Seulement, sa nièce, Margaret Herrick, était secrétaire à l'*Academy of Motion Picture Arts and Sciences*. En 1929, découvrant la statuette qui serait remise aux lauréats de l'Académie, elle s'écria : «Oh, mais on dirait mon oncle Oscar!» C'est ainsi que, sans le savoir, Oscar Pierce donna son prénom à l'objet le plus convoité du cinéma mondial.

CHARLES BOYCOTT

Il était une fois un riche propriétaire irlandais installé dans le comté de Mayo. Cet ancien capitaine de l'armée britannique, un dur en affaires, refusait de baisser les loyers de ses fermiers. Ceux-ci, pendant l'automne 1880, le mirent en quarantaine et le privèrent de nourriture, de courrier et de visites. Le nom du propriétaire fut repris par la presse pour désigner l'action, il se répandit immédiatement et passa dans toutes les langues européennes.

Départemots

Ceux qui aiment les mots savent qu'une carte géographique est aussi un texte et que lire des toponymes, c'est déjà voyager. Remplacer le nom de chaque département par son anagramme suffit à donner l'envie d'aller redécouvrir la France.

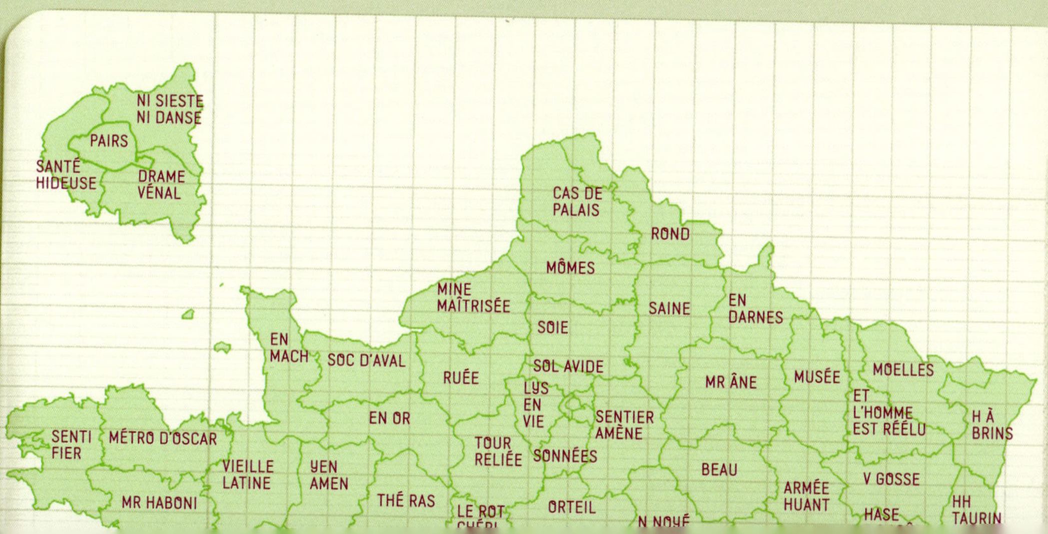

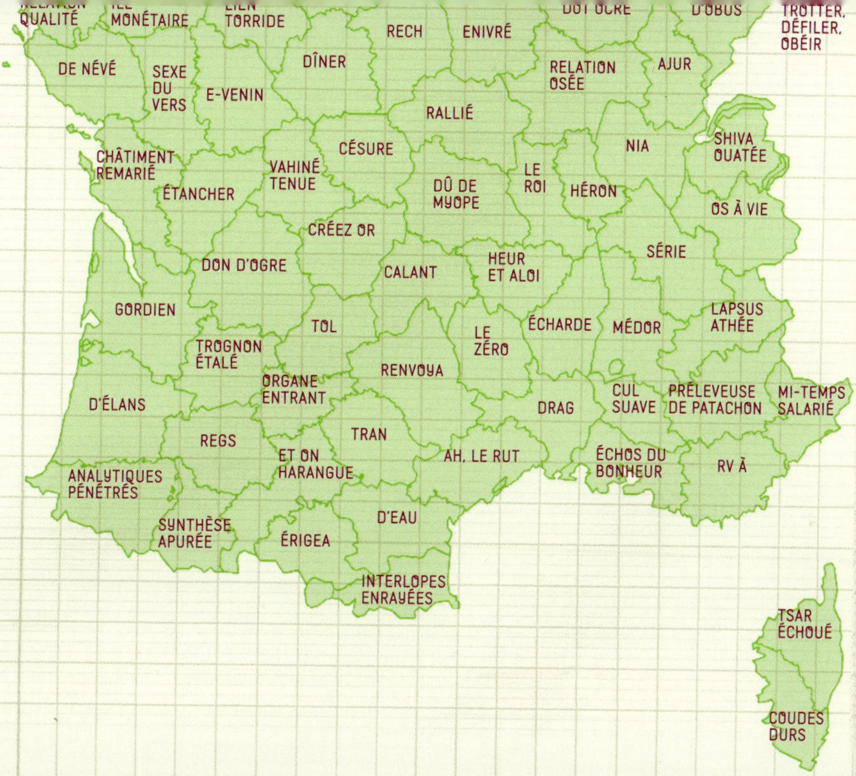
QUALITÉ
MONÉTAIRE
TORRIDE
RECH
ENIVRÉ
TROTTER, DÉFILER, OBÉIR
DE NÉVÉ
SEXE DU VERS
E-VENIN
DÎNER
RELATION OSÉE
AJUR
RALLIÉ
NIA
SHIVA OUATÉE
CHÂTIMENT REMARIÉ
ÉTANCHER
VAHINÉ TENUE
CÉSURE
DÛ DE MYOPE
LE ROI
HÉRON
OS À VIE
CRÉEZ OR
DON D'OGRE
CALANT
HEUR ET ALOI
SÉRIE
GORDIEN
TOL
LE ZÉRO
ÉCHARDE
MÉDOR
LAPSUS ATHÉE
TROGNON ÉTALÉ
RENVOYA
ORGANE ENTRANT
D'ÉLANS
DRAG
CUL SUAVE
PRÉLEVEUSE DE PATACHON
MI-TEMPS SALARIÉ
REGS
TRAN
ET ON HARANGUE
AH, LE RUT
ÉCHOS DU BONHEUR
RV À
ANALYTIQUES PÉNÉTRÉS
SYNTHÈSE APURÉE
ÉRIGEA
D'EAU
INTERLOPES ENRAYÉES
TSAR ÉCHOUÉ
COUDES DURS

Mots d'X

Les amoureux des mots peuvent avoir au moins une bonne raison d'apprécier les films pornographiques : leurs titres ! Florilège.

Mâles à bars
Le ramoneur des Lilas
Le père Noël en a une dure
Le bon la broute et fourre son gland
Manon des bourses
L'Allemagne fait des râles
Qui veut toucher des nichons ?
Y a-t-il un flic pour sauter la reine ?
Les tontons tringleurs
Ma banane au Canada
Qui veut la peau de Roger la Bite ?
Minette Express
Le trésor de Braquemart le rouge
Robin des doigts
Trois bites chez une copine
Suzanne ! Ouvre-toi !
Les quatre fentes astiquent
Un taxi pour qu'j'te broute
Les chattes n'aiment pas le mou
Trois hommes et un cul fin
À prendre ou à lécher
Le black est d'équerre
Tant qu'il y aura des zobs
Les canons de la baronne
Le trou vert
Out of Patricia
Toutes les gouttes sont dans la naturiste
Cris et suçotements
L'autre verge du cheval blanc
Le fion de la rombière Kwaï
ZobéliX et ClitoriX
Ma raie noire
Mature et Découverte
Tous sur ma mère
Max et les fourailleurs
L'indécente aux enfers
GoldStar
E-120
VHS
Do not touch the tape inside

LES MOTS SONT LES SINGES DES IDÉES.

Coquille typographique (au lieu de « Les mots sont les signes des idées »)
relevée par Eugène Boutny dans *L'Argot des typographes* (1883).

Mot est un mot

NOM
est
un nom.

L'adjectif
QUALIFICATIF
est un
adjectif
qualificatif.

L'adjectif
ÉPICÈNE
est un adjectif
épicène.

MASCULIN
est
masculin.

EN ITA-LIQUE
est en
italique.

ÉCRIT
est écrit.

EN FRANÇAIS
est en
français.

IM-PRI-MÉ
est
imprimé.

LISIBLE
est lisible.

PENTASYLLABIQUE
est pentasyllabique.

DEUX MOTS
sont deux mots.

DES MOTS COURTS sont des mots courts.

LE SUJET DE CETTE PHRASE est le sujet de cette phrase.

L'ATTRIBUT DE CETTE PHRASE est l'attribut de cette phrase.

Vous lisez deux fois **VOUS LISEZ DEUX FOIS.**

Au moment où vous lisez **CECI** vous n'avez lu qu'un tiers des mots de cette phrase.

SANS CÉDILLE NI APOSTROPHE NI TRÉMA s'écrit sans cédille ni apostrophe ni tréma.

SANS ACCENT s'écrit sans accent.

EN QUINZE LETTRES s'écrit en quinze lettres.

CONCLUT CE TEXTE conclut ce texte.

Mots d'où ?

Sauriez-vous trouver en quelle langue est écrit le texte suivant ?

i snos sap suopuewap snou ' apeqne
ua no sanu ' seqwes sap suosuep
snou ' xna , p suosnqe snou ' shded sap
' seded sap ' sope sap suonopewe snou
' sawwoysuoq sap suosnpaw snou
' suahow ap suonbuew snou ' huep
' apne ' uouew ' euue ' ewwa suowwou
snou snou ' sedwhs sauozewe sap
' sneuew ap sawep sap sawwos snou

Maintenant que vous avez tourné votre livre, relisez le texte. La question vous paraîtra peut-être plus facile.

Je te dirai des mots bleus

Il y en a trente-cinq dans cette fable.

Cette nuit, Monsieur Klein, roi de Prusse, reçoit Monsieur Majorelle, Roy de France, en son palais de Berlin.

Le premier porte une couronne d'aigue-marine sertie de lapis-lazuli, de saphir et de turquoise tout droit venus des mers du Sud.

Le second du bleuet à sa boutonnière et sur le torse une eau de lavande qui ne vient pas d'outre-mer mais de la Côte d'Azur.

Ils s'échangent des cadeaux, une marine contre un pastel.

Puis, tout en partageant un barbeau, un canard, une sarcelle et, au dessert, une dragée, ils discutent du prix du pétrole et l'acier. Question épineuse: qui paiera l'ardoise ?

Le ton monte.

– Ciel, cessez de faire le paon, c'est cyan à la fin! dit Majorelle, livide et qui sosotte.

– Vous êtes givré, réplique Klein, céruléen. Charrette la discussion.

Moralité
Parlez d'énergie
ou bien de métal,
quand la conversation
est électrique,
le climat est
plombé.

bleu nuit, bleu Klein, bleu roi, bleu de Prusse, bleu Majorelle,
bleu Roy, bleu de France, bleu de Berlin, bleu aigue-marine,
bleu lapis-lazuli, bleu saphir, bleu turquoise, bleu des mers du Sud,
bleu bleuet, bleu lavande, bleu d'outremer, bleu azur, bleu marine, bleu pastel,
bleu barbeau, bleu canard, bleu sarcelle, bleu dragée, bleu pétrole, bleu acier,
bleu ardoise, bleu ciel, bleu paon, bleu cyan, bleu livide, bleu givré,
bleu céruléen, bleu charrette, bleu électrique, bleu plombé.

Mots d'insultes professionnels

Peut-on être un professionnel de l'insulte ?
Oui, il suffit pour ça d'appeler celui qui exerce un métier
par le mot qui désigne celui qui en exerce un autre.
Ça peut être très efficace…

à un militaire

à un pâtissier

à un antiquaire

à un chirurgien

à un fabricant de corsets

à un batteur

à un pharmacien

à un bijoutier

à un fonctionnaire

à un orfèvre

à un employé au sol d'un aéroport

à un directeur de magasin … ou de magazine

à un maire

à un décorateur ou un architecte

à un chirurgien esthétique

à un maquilleur

à un dentiste

à un marchand de chaussures

à un huissier

à un joueur de tennis

à un médecin

Mots doubles

Cette partie de domino est aussi un poème.
On n'y lit jamais la même phrase, et pourtant chaque vers
(c'est-à-dire chaque domino) y est présent deux fois.

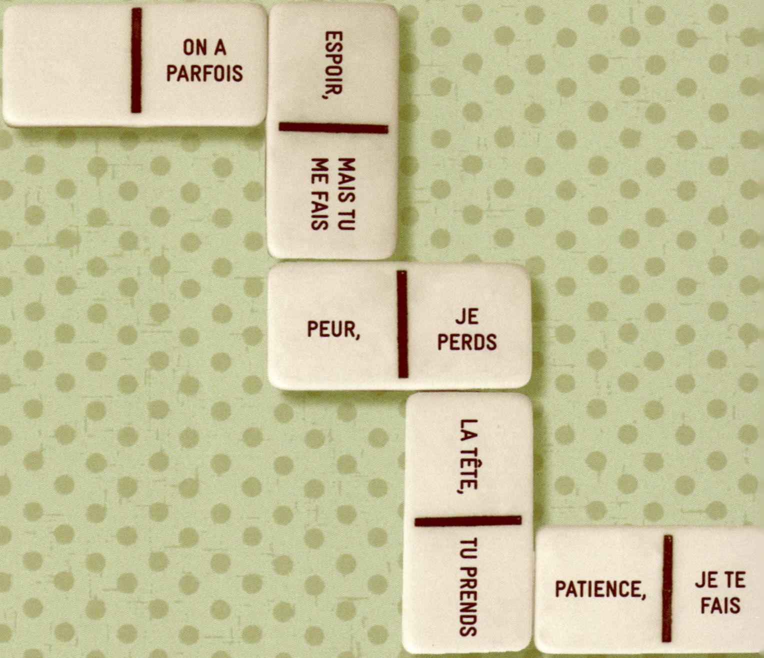

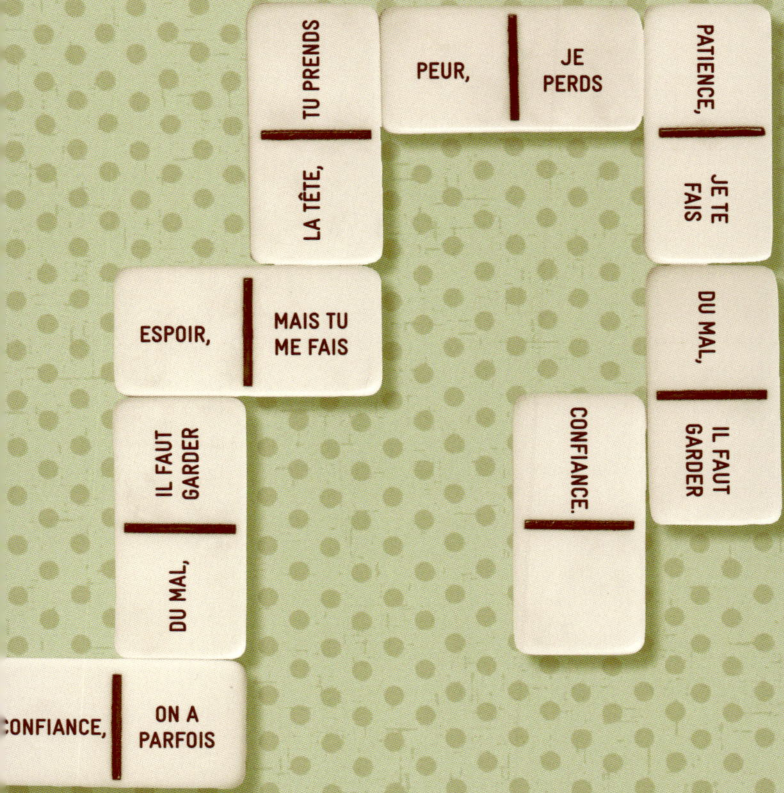
CONFIANCE,
ON A PARFOIS
DU MAL,
IL FAUT GARDER
ESPOIR,
MAIS TU ME FAIS
LA TÊTE,
TU PRENDS
PEUR,
JE PERDS
PATIENCE,
JE TE FAIS
DU MAL,
IL FAUT GARDER
CONFIANCE.

Mots d'est

Quelques mots venus des langues O.

du norvégien
fjord, ski, slalom

du suédois
kraft, rutabaga, tungstène

du finnois
sauna

du polonais
baba, mazurka, meringue, polka

du tchèque
calèche, obus, pistolet, robot

du hongrois
coche, hussard, paprika, sabre

du serbe
vampire

du russe

balalaïka, blini, cosaque, datcha, goulag, icône, intelligentsia, isba, pogrom, pope, samovar, steppe, troïka, tsar, ukase, vodka, zakouski, zibeline

du chinois

kumquat, litchi, typhon

du tibétain

zébu

du népalais

panda

de langues d'Inde

mangue (tamoul), teck (malayalam)

du malais

cacatoès, orang-outan, bambou, jonque, sarbacane

du japonais

aïkido, bonsaï, bonze, hara-kiri, judo, kaki, kamikaze, karaoké, karaté, kimono, mikado, samouraï, soja, sumo, tatami

de langues d'Australie

kangourou

du maori

kiwi

du turc

bergamote, caviar, yaourt

du persan

aubergine, azur, carmin, épinard, jasmin, laque, lilas, nénuphar, orange

de l'arabe

artichaut, azimut, benzène, café, chiffre, coton, douane, fardeau, gazelle, girafe, jupe, magasin, matelas, nadir, sirop, sorbet, sucre, zénith, zéro

du malgache

maki

Synonymes

De quelque chose drôle, on dit familièrement que c'est à « se taper le cul par terre ». Voici de quoi varier l'expression et la dire… de 15 625 manières différentes ! Il suffit de choisir un mot dans chaque ensemble et d'assembler.

• l'arrière-boutique • la malle arrière • le baigneur •
le croupion • le dargif • le derche • le fessier •
le fondement • le fouettard • le joufflu •
• le médaillon • le panier •
• le pétoulet •
• le pétrousquin •
• le petrus • le popotin •
• le postère • le prosinard • le séant •
• le tafanard • le tagada • le vénérable •
• le ventilateur • les deux sœurs • les miches •
• sur l'ici bas • sur la chaussée • sur la croûte terrestre • sur la moquette •
• sur la pelouse • sur la plate-bande • sur le carrelage •
• sur le ciment • sur le dallage • sur le limon •
• sur le dancefloor • sur le linoléum •
• sur le macadam
• sur le parquet • sur le parterre •
• sur le pavé • sur le plancher • sur le plateau •
• sur le quick • sur le revêtement • sur le sablonneux •
sur le support • sur le tapis de sol • sur le tatami • sur le terroir •

Noms d'itinéraires

Les itinéraires des courses cyclistes ont parfois donné des mots au vocabulaire français, et en premier lieu au paris-brest, que le pâtissier Louis Durand, inspiré par la course Paris-Brest-Paris, créa en 1910 (la forme du gâteau représente une roue de bicyclette). En revanche, aucun itinéraire n'a jamais été inspiré par le vocabulaire. Les courses cyclistes y gagneraient pourtant en pouvoir d'évocation. Voici quelques idées.

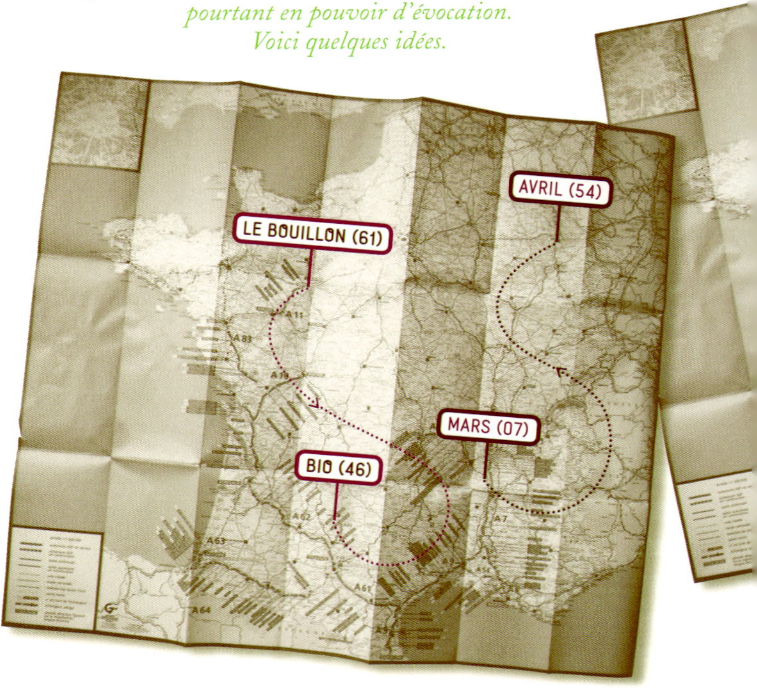

C'est évidemment le bon goût qui nous retient de proposer des courses entre Lesches (77) et Montchaton (50), entre Le Saix (05) et Velu (62), entre Seix (09) et Mâle (61) ou encore entre Deux-Verges (15) et Bourg-La-Reine (92).

Lettrines

*Au XIXe siècle (et jusqu'au début du XXe siècle),
les dictionnaires étaient agrémentés de lettrines illustrées
dans lesquelles on pouvait passer un temps infini
à distinguer jusque dans les moindres détails des objets,
des animaux ou des personnages dont les noms commençaient
tous par la même lettre. Attention les yeux !*

Dictionnaire général et grammatical des dictionnaires français de 1834

Dictionnaire universel Bescherelle d

Mots à mots

Qui pense finement et s'exprime avec grâce,
Fait tout passer ; car tout passe :
Je l'ai cent fois éprouvé :
Quand le mot est bien trouvé.

Jean de La Fontaine

N'employez jamais un mot nouveau,
à moins qu'il n'ait ces trois qualités :
être nécessaire, intelligible et sonore.

Voltaire

Les phrases
dont nous
avons besoin
finissent
tôt ou tard
par nous
trouver.

Imre Kertesz

Un sot qui ne dit mot
ne se distingue pas
d'un savant qui se tait.

Molière

Le mot bavarde.
Le mot est littéraire.
Le mot est une fuite.
Le mot empêche
le silence de parler.
Le mot assourdit.

Eugène Ionesco

Souvent pour un bon mot on perd un bon amy,
Et tel par ses bons motz croit (tant il est enfant)
S'estre mis sur la teste un chapeau triomphant,
A qui mieulx eust valu estre bien endormy.

Joachim du Bellay

Entre deux mots,
il faut choisir
le moindre.

Paul Valéry

Définir, c'est entourer
d'un mur de mots
un terrain vague d'idées.

Valéry Larbaud

Je dis
des mots
pour
m'égarer.

Louis Aragon

Rien ne devrait recevoir
un nom, de peur que
ce nom même le transforme.

Virginia Woolf

Qu'y a-t-il donc
en un nom ?
Ce que nous
nommons une rose,
sous un autre nom,
sentirait aussi bon.

William Shakespeare

La parole est
un don de Dieu.
Les mots sont
des inventions
de l'homme.

Adjutor Rivard

Au commencement
il y avait le Verbe
et à la fin le bla-bla-bla.

Stanislas Jerzy Lec

Au commencement
était le calembour.

Samuel Beckett

Mots tendres

Les mots les plus tendres ne sont pas
forcément les plus clairs, comme le montre ce Sonnet
écrit en langue inconnue *par Marc de Papillon de Lasphrise,*
au XVIe siècle, et qui n'a jamais été décrypté
(à l'exception des deux derniers vers, bien sûr).
Mais peut-être aurez-vous une idée…

Qui était Marc de Papillon de Lasphrise ?

Marc de Papillon (1555 – 1599), orphelin de père, s'engage à l'âge de 12 ans dans les armées catholiques, où il combat pendant vingt ans avant de se retirer à Lasphrise, son petit fief de Touraine. Amoureux, libertin et peu soucieux des interdits, il compose les *Amours de Théophile* en l'honneur d'une novice et *L'Amour passionnée de Noémie* dans lequel il célèbre sa propre nièce. Sa poésie témoigne d'un grand souci de la forme et d'un goût prononcé pour les jeux de langage.

Cerdis zerom deronty toulpinye,
Pursis harlins linor orifieux,
Tictic falo mien estolieux,
Leulfiditous lafar relonglotye.
Gerefeluz tourdom redassinye ;
Ervidion tecar doludrieux,
Gesdoliou nerset bacincieux,
Arlas destol osart lurafinie.
Tast derurly tast qu'ent derontrian,
Tast deportul tast fal minadian,
Tast tast causus renula dulpissoistre
Ladmirail reledra furvioux,
C'est mon secret, ma Mignonne aux yeux doux,
Qu'autre que toy ne sçaurait reconnoistre.

Vivons pangrammatiques !

Un pangramme est un énoncé qui contient toutes les lettres de l'alphabet. Le plus célèbre d'entre eux est : « Portez ce vieux whisky au juge blond qui fume ». Tout article qui porte sur le pangramme le cite. Voilà qui est fait.

Il faut dire que ce pangramme est superbe : c'est un alexandrin parfait et parfaitement naturel, qui porte en 37 lettres les 26 lettres de l'alphabet (il est hétéroconsonnantique, c'est-à-dire que chaque consonne n'est citée qu'une fois).

Les pangrammistes cherchent avant tout à faire bref et déploient une créativité invraisemblable pour faire figurer l'alphabet dans les énoncés les plus courts possibles. Ce qui conduit, hélas, à des phrases abstruses et à des histoires tirées par les cheveux, de sombres affaires de squaws, de yawl, de jerks ou de wharfs.

OR, LA BEAUTÉ DU PANGRAMME EST AILLEURS. ELLE EST D'ORDRE SYMBOLIQUE.

• **Un texte qui contient toutes les lettres de l'alphabet contient en puissance tous les mots possibles et donc tous les mondes possibles.** Un poème pangrammatique, par exemple, porte en son sein tous les poèmes, il est par conséquent absolu et parfait.

• **Un aquarium qui rassemble des poissons dont les noms forment un pangramme contient tous les poissons possibles.** Réunissez dans le vôtre un *polypterus weeksi*, un *zebrasoma veliferum*, un *chaetodeon à quatre yeux* et un *goujon* : toutes les mers et toutes les rivières du monde sont dans votre salon.

• **Aux orchestres symphoniques ou philarmoniques, on préférera un orchestre pangrammatique** (flûte traversière, guitare électrique, pakhâwaj, djozé, wambe, xylophone), une formation indépassable, puisque tous les instruments y sont potentiellement présents.

• **Au supermarché, on aura soin de venir avec une liste de courses pangrammatique.** Par exemple : Flan, Twix, Vicks, Bjorg, Quezac, Yop, Dash, Mir. C'est le magasin tout entier qui sera contenu dans un panier.

LE PANGRAMME, ON LE VOIT, EST BIEN PLUS QU'UN TOUR DE FORCE LITTÉRAIRE : IL CONDUIT À UN PRINCIPE DE VIE, UN PRINCIPE PHILOSOPHIQUE ET ESTHÉTIQUE.

DRESSER UNE LISTE PANGRAMMATIQUE DE CONVIVES

Exemple : Alix, Jacques, Zita, William, Frank, Gaspard, Habib, Yvon

•

DRESSER UN MENU PANGRAMMATIQUE

Exemple : Bifteck de coq, jus, riz, plat d'igname, vieux whisky

•

EN DESSERT, SERVIR UNE SALADE DE FRUITS PANGRAMMATIQUE

Exemple : Noix, pêche de vigne, jujube, kiwi, yuzu, fraise, kumquat, lime

Mots contraints

L'écriture sous contrainte ne consiste pas à rédiger un texte sous la torture, mais à l'écrire en respectant des contraintes de structures ou de formes. Depuis sa création, en 1960, l'OuLiPo, le célèbre Ouvroir de Littérature Potentielle, a inventé et appliqué un nombre impressionnant de contraintes. La contrainte ne limite pas l'expression, au contraire ! Elle conduit à la renouveler. Une phrase aussi triviale que « Passe-moi le sel ! », réécrite sous contrainte, peut être l'objet d'interminables variations (on s'en tiendra ici à dix).

ALEXANDRIN

Ce serait vraiment cool de me passer le sel.

MONOSYLLABES

(mots d'une seule syllabe)

Mets le sel par là, près de moi, si tu veux bien.

LIPOGRAMME EN E

(sans la lettre e)

Pourrais-tu m'impartir du cristal salant, STP ?

MONOVOCALISME EN E

(e est la seule voyelle employée)

Eh, prête le sel, bébé !

ANAGRAMME
Mélisse, salope !

OKAPI
(alternance de consonnes et de voyelles)
Ce ne sera pas inamical ici de me filer un utile volume de sel.

PALINDROME
(lisible dans les deux sens)
Le sel !

S +7
(remplacement des mots par les 7e mots de même genre dans le dictionnaire)
Pateline-moi le sélénite !

NÉGATION
Surtout, ne me passe pas le sel.

OPPOSITION
Enlevez-nous le sucre.

Mots des banlieues

La banlieue est un lieu de création et de rafraîchissement du langage. Argot, verlan, apocopes, métissage des langues… tout concourt à l'apparition de mots nouveaux. En voici une sélection.

ALCATRAZ (adj.) : interdit de sortie par ses parents (être alcatraz)

AMBIANCER (verbe trans.) : draguer (ambiancer une fille)

BAD (adj.) : génial, super

BAVER (verbe trans.) : lâcher des informations qu'on devrait taire

BOÎTE DE 6 (nom fém.) : fourgon de police (par analogie au *poulet* de la *boîte de 6* chicken nuggets vendus dans les fast-foods)

BOULE (nom masc.) : fesses (un boule = une paire de fesses)

CAROTTE (nom fém.) : vol, arnaque

CASH (adv. ou adj.) : directement, sans détour / direct

CHACAL (nom masc.) : radin, avide

CHARGÉE (adj. fém.) : fessue et mamelue

CHELOU (adj.) : bizarre, douteux

CLASH (nom masc.) : défi (par exemple de rap)

COMICO (nom masc.) : commissariat

CONDÉ (nom masc.) : policier

CRAMER (verbe trans.) : surprendre quelqu'un sur le fait

CREVARD (nom masc.) : radin, avide

DARON (nom masc.) : père

DEAD (adj.) : fichu, sans espoir

DOSSIER (nom masc.) : informations compromettantes

ÊTRE OFFICIAL (locution verb.) : avoir ses entrées (prononcer *offichal*)

GAZEUSE (nom fém.) : bombe lacrymogène

GHETTO (nom masc.) : désordre, bordel

GRAVE (adv.) : très

GRILLER (verbe trans.) : surprendre quelqu'un sur le fait
GUEUT (nom masc.) : signature d'un taggueur
INTRIGUE (nom fém.) : situation sentimentale délicate
KIFFER (verbe trans.) : aimer
MATON (nom masc.) : père
MYSTIC (adj.) : bizarre
MYTHONNER (verbe intr.) : mentir
NOICH (adj.) : asiatique
OPÉ (adj.) : prêt, disponible (apocope de *opérationnel*)
P4 (nom masc.) : débile, idiot
PAVTAR (nom masc.) : pavillon
PÉCHO (verbe trans. invariable) : draguer quelqu'un avec succès
PISTER (verbe trans.) : remarquer, repérer
POUILLE D (verbe trans. invariable) : voler, dépouiller
RAGEUX (adj.) : envieux, jaloux, dépité
SE CAPTER (verbe pronominal) : se retrouver quelque part
SE PÉSA (verbe pronominal) : s'habiller
SERRER (verbe trans.) : attraper (quelqu'un)
T'INQUIÈTE (locution verb.) : ne t'en fais pas
TACLER (verbe trans.) : doubler (quelqu'un)
TAF-TAF (adv.) : rapidement
TÈJE (verbe trans. invariable) : se débarrasser de quelqu'un
VÉNÈRE (adj.) : énervé
ZÉRO SIX (nom masc.) : numéro de téléphone portable

Des mots de l'étranger

Pour le choix des souvenirs à rapporter de l'étranger, les guides de voyage font tous les mêmes suggestions. Les dictionnaires ont, eux, des idées plus originales.

QUE RAPPORTER D'ALLEMAGNE ?
Un berger.

QUE RAPPORTER D'AMÉRIQUE ?
Un œil, un plan, une nuit,
une vedette, un coup de poing,
un filet, un quart d'heure.

QUE RAPPORTER D'ANGLETERRE ?
Une assiette, une canne,
une capote, une chaîne,
une charrette, une clef, un cor,
un jardin, une semaine, un vert.

QUE RAPPORTER D'ARABIE ?
Des chiffres, un téléphone, un cheval.

QUE RAPPORTER D'ARMÉNIE ?
Du papier.

QUE RAPPORTER DE CHINE ?
Un pavillon, un chapeau, un boulier,
des jeux, un supplice, un casse-tête,
des ombres, un bigaradier.

QUE RAPPORTER D'ÉCOSSE ?
Une douche, un rite, une jupe, du fil.

QUE RAPPORTER D'ESPAGNE ?
La grippe, du blanc, une auberge.

QUE RAPPORTER DE GRÈCE ?
Des calendes, une croix,
un nez, un pied.

QUE RAPPORTER D'INDE ?
Du chanvre, un coq, un cochon,
une file, des œillets, une nage,
un été.

QUE RAPPORTER DE HOLLANDE ?
Une sauce, une vache,
une toupie.

QUE RAPPORTER DE HONGRIE ?
Un point (c'est tout).

QUE RAPPORTER D'IRLANDE ?
Un cheval, un terrier,
un setter.

QUE RAPPORTER DU JAPON ?
Un cerisier, une lutte,
un jardin, des estampes,
un billard, une brouette.

QUE RAPPORTER DE MALTE ?
Un chien, une croix.

QUE RAPPORTER DE NORVÈGE ?
Une omelette.

QUE RAPPORTER DE RUSSIE ?
Un billard, une charlotte,
une chaussette, des cigarettes,
des montagnes, une roulette,
une salade.

QUE RAPPORTER DE SUÈDE ?
Une gymnastique, des sabots,
des allumettes.

QUE RAPPORTER DE SUISSE ?
Des gardes.

QUE RAPPORTER DE TURQUIE ?
Des bains, des jeunes,
un rondeau, un point, du gazon,
du café.

À demi-mots

Cou toi,

Li, ma grande sœur, tu la connais ?
Elle fait de la danse. Pas des trucs en tu,
mais du can, du cha, des trucs comme ça.
Elle a des gros lo et avec ses frou olé, ça ameute
tous les lou du coin. Ils en sont zin. Dès qu'elle sort,
ils rappliquent dare, ces go ! Ils friment dans leur
quatre, tout flon dehors, lui proposent le tour
en échange d'un do avec elle, du donnant
qu'ils disent ! Mais elle ne veut ni de leur teuf,
ni de leur zi. Ils peuvent faire tin avec leur bla.
Pa n'est pas content de voir tous ces zo
ga de sa fille.
La voisine, une don qui traîne en bou, cuisine
du cous dans son boui cra, trouve que Li fait
trop de chi et de fla.
Elle préfère To, mon petit frère. Comme c'est un piou
assez mi, c'est son chou. Mais lui, il s'en fout,
c'est encore un bé, toujours à l'âge des bon,
des yo et des jou.
Si t'as du mal à piger la prose de bi, c'est pas
ue t'as bu trop de ja. Relis-la piano et dis
ux fois les mots qui te semblent louches.
devrait aller tout seul.
ye.

L'affreux Jo.

Un mot nu ment

Saucissonnés, les mots semblent pourtant parfois nous offrir, à défaut de leur vérité, un certain effet poétique…

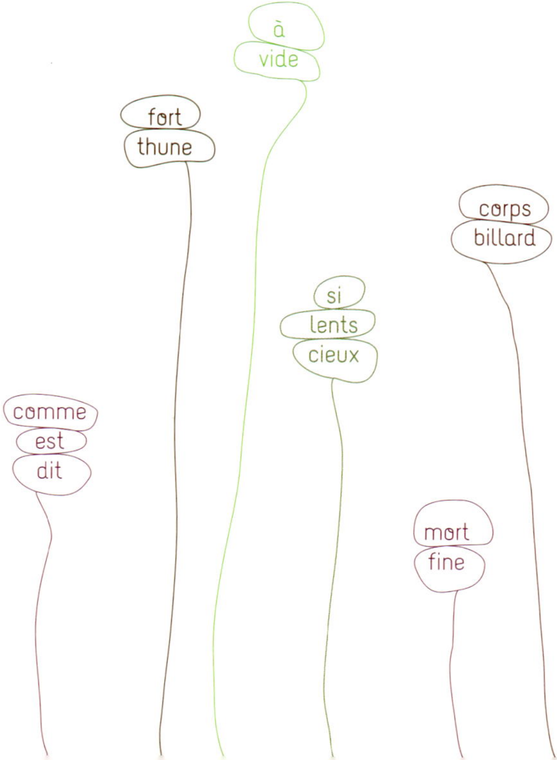

pus
rite
haine

secret
taire

cœur
aile

fée
rosse

âme
au lit
sans

être
ange

lait
sang
ciel

sangsue
alitée

Mots-rébus

Les mots ci-dessous, lus tels quels, ne signifient pas grand-chose. Normal, ce sont des rébus. Sauriez-vous les déchiffrer ?

1 OOOOOO

2 URE URE

3 BUVONS À A

4 ONAGERO

5 COURE

6 

7 

8 

9 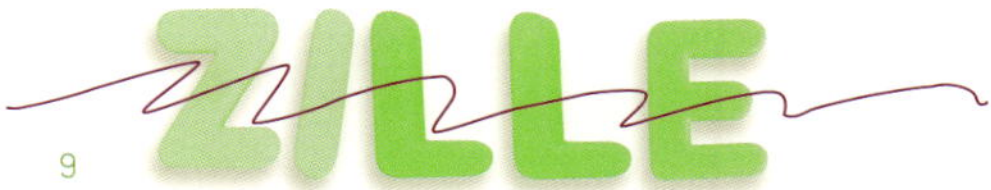

SOLUTIONS

1 • Ciseaux (six o) / 2 • Doublure (double ure) / 3 • Buvons à ta santé (ta sans t) / 4 • Nager entre deux eaux (nager entre deux o) / 5 • Coudre sans dé (coudre sans d) / 6 • Mettre entre parenthèse / 7 • Lettres d'amour / 8 • Un étranger sans accent / 9 • Bas résille (barré zille)

Mots compressés

Sans doute que si les téléphones portables avaient existé au XVIIIe siècle, les personnages des Liaisons dangereuses *se seraient envoyé des SMS plutôt que des lettres, et le roman de Pierre Choderlos de Laclos serait bien plus court.*

Le SMS (Short Message Service) conduit à une compression du langage écrit afin de faire tenir un message dans le moins d'espace possible, un SMS ne contenant que 160 caractères.

Prenons l'exemple de la lettre XII,
de Cécile Volanges à la marquise de Merteuil.

Maman est incommodée, Madame ; elle ne sortira point, et il faut que je lui tienne compagnie : ainsi je n'aurai pas l'honneur de vous accompagner à l'Opéra. Je vous assure que je regrette bien plus de ne pas être avec vous que le spectacle. Je vous prie d'en être persuadée. Je vous aime tant ! Voudriez-vous bien dire à M. le chevalier Danceny que je n'ai point le recueil dont il m'a parlé, et que s'il peut me l'apporter demain, il me fera grand plaisir. S'il vient aujourd'hui, on lui dira que nous n'y sommes pas ; mais c'est que maman ne veut recevoir personne. J'espère qu'elle se portera mieux demain. J'ai l'honneur d'être, etc.

Dans cette courte lettre, l'une des plus courtes du roman, Cécile a utilisé 636 caractères. Traduisons-là en langage SMS.

Mman é 1conmodé, Madam : L ne sortira pt, é il ft ke jlwi tiN cpgni : 1si jnoré pa l'oneur 2 vs acmpgné a l'OPra. Jvs assur kJe rgte bi1 + 2 ne pa etr avc vs ke le spctacl. Je vs pri dan ètr persuaD. Je vs M tnt ! Voudrié vs bi1 dir a M le chvlié Danceny ke jné pnt le recueil dt il ma parlé, é ksil peu mlaporté 2m1, il mfra gd plsr. Sil vi1 oJd, on lwi dira ke ns ni som pa ; mé c ke mman nveu recvwar persn. GspR kel sportra mieu 2m1. G loneur d'etr...

La compression en langage SMS permet à Cécile d'exprimer exactement la même chose en 453 caractères. C'est beaucoup mieux, mais encore insuffisant. Cécile va devoir couper ses fleurs de style et aller plus directement à l'information.

Mman malad, ft kje rest avc L. Dc px ps vnir a 1OPra. Jregrt, + pr vs ke pr lspctacl, soyé sur. Je vs M tnt. Pourié vs dir à Danceny kjé ps son recueil, ksil peu l'aprT 2m1, sa mfra plsr. Sil vi1 oJd on lwi dira ke ns ni som pa. Mman vt vwar persn. GspR kel ira mieu 2m1.

272 caractères ! Aïe ! C'est encore trop, Cécile Volanges va exploser son forfait. Il lui faut encore être plus directe et efficace.

Mman mld. Jrest ac L. Px ps vnir a 1OPra, dsl. Swi NRV pq jvdr. G pa le livr 2 Danceny, sil pt laprT 2m1 c bi1. Mman veu vwar persn oJd. GspR kel ira mieu 2m1.

160 caractères ! Cécile Volanges est une communicante performante désormais. Que de progrès accompli en plus de deux siècles !

Quant à la littérature...

Mots de la fin

Peu avant de rendre le dernier souffle,
la légende veut qu'ils aient prononcé ces derniers mots :

Quel artiste périt avec moi !
Néron, le 9 juin 68

Tirez le rideau, la farce est terminée !
François Rabelais, le 9 avril 1553

Je peux vous le confier : Dante m'a toujours ennuyé !
Felix Lope de Vega, le 27 août 1635

Que diable me chantez-vous là, Monsieur le Curé, vous avez la voix fausse.
Jean-Philippe Rameau, le 12 septembre 1764

De grâce, Monsieur le bourreau, encore un petit moment.
Jeanne Bécu, Comtesse du Barry, sur l'échafaud, le 8 décembre 1793

Soldats, visez droit au cœur !
Le maréchal Michel Ney, fusillé le 7 décembre 1815

Mon fils !... Tête !... Armée !...
Napoléon Bonaparte, le 5 mai 1821

N'avouez jamais !
Jean-Charles Avinain, sur l'échafaud, le 27 novembre 1867

Il va falloir être sérieux là-haut.
Henri Monnier, le 3 janvier 1877

Eh bien ! Je m'en souviendrai de cette planète !
Auguste de Villiers de L'Isle-Adam, le 18 août 1889

Marinette, pour la première fois, je vais te faire une grosse, une très grosse peine !
Jules Renard, le 22 mai 1910, à sa femme

Eh bien, quoi ! ça n'est qu'un mauvais moment à passer !
Henri Landru, sur l'échafaud, le 25 février 1922

Maman !
Anatole France, le 12 octobre 1924

Enlevez-moi ça !
Georges Clemenceau, le 24 novembre 1929, voyant arriver un prêtre

Galerie de mots

v
Nu grec
artefact
Nature morte
matelote
Marine
COLÉREUSE
Sanguine
V.I.P.
Huile

Place Fréhel, 75019 Paris

Ben 93

Bris de mots

Sont-ils très différents, ces deux poèmes ?
Oui. Celui de droite est en français, celui de gauche en anglais et ils ne sont pas la traduction l'un de l'autre. Il s'agit pourtant du même texte, littéralement, puisqu'ils présentent exactement les mêmes lettres dans le même ordre.

On est éprise, sapristi !
Ne pas tenter sa perte.
Venin. Grâce sournoise.
Les sangles gobent l'être
mi-tanagra mi-amazone
dont l'amour fait
hissa vingt héros énervés.

Pipe et mots

Prenons un objet simple, une pipe par exemple.
On l'appelle pipe *et voilà, tout est dit.*
Est-ce si sûr ? Un seul mot suffit-il à désigner
tout un objet, aussi élémentaire soit-il ?
Et ce mot se résigne-t-il à ne désigner que cet objet ?

Appellations

bouffarde,
brûle-gueule, cachotte,
calumet, chibouque,
houka, Jacob, kalioun,
narguilé

Actions

fumer, tirer,
bourrer, débourrer,
vider, nettoyer,
curer, culotter

Matières

écume de mer,
porcelaine, bois,
racine de bruyère,
ambre, corne,
ébonite

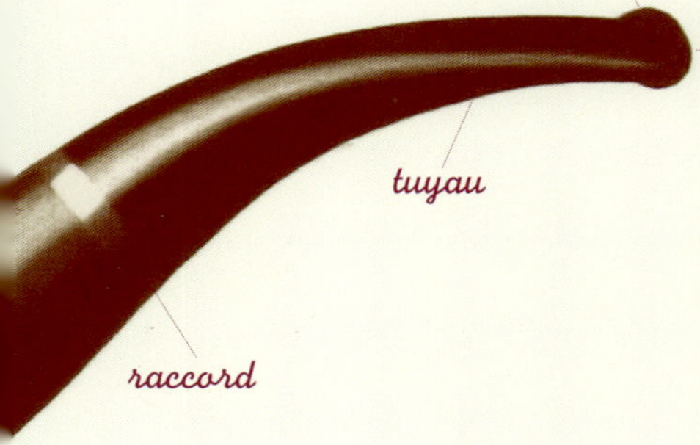

Expressions

fumer sans pipe,
par tête de pipe, se fendre la pipe,
casser sa pipe, aller au casse-pipes,
tailler une pipe, nom d'une pipe !

tendre

le geste

devien

le geste tendre devien

un joli

piège

petit

un joli petit piège

Noms déposés

Adidas, l'Oréal, Scotch… Ces noms de marques familiers prennent place dans nos conversations quotidiennes. Mais on ne les trouvera pas dans les dictionnaires étymologiques. Voici l'origine de certains d'entre eux.

Velcro

c'est le nom d'une marque commerciale créée par le Suisse Georges de Mestral en 1951. Elle est l'acronyme de ***vel**ours* et ***cro**chet*.

Coca Cola

provient du nom de la feuille de *coca* et de la noix de *kola*, qui entraient dans la recette d'origine de la boisson.

Twingo

association de ***Twi**st* et *ta**ngo***.

LU

acronyme de **L**efèvre **U**tile, la biscuiterie ayant été fondée à Nantes en 1850 par Jean-Romain Lefèvre et son épouse Pauline-Isabelle Utile.

Milka

créée en 1901, la marque est l'association des mots allemands ***Mil**ch und **Ka**kao* (« lait et chocolat »), et non une allusion à Milka Ternina, une célèbre soprano croate de l'époque.

Sopalin

acronyme de **So**ciété de **Pa**pier **Lin**ge.

Lego

acronyme du danois ***Leg godt*** qui signifie « Joue bien » (rien à voir avec le latin *lego*, qui signifie « lire » ou « ramasser »).

Pataugas

vient de ce que son créateur, René Elibasside, vulcanisa en 1950 une semelle en pâte de caoutchouc avec un réchaud à gaz.

Scotch

provient de ce que les employés de 3M, trouvant que ce nouveau système de fixation permettait d'économiser de l'adhésif, l'appelèrent *ruban écossais* : *scotch tape*.

SEB

acronyme de **S**ociété d'**E**mboutissage de **B**ourgogne.

Adidas

nom tiré du créateur de la marque, ***Adi Das**ler*.

L'Oréal

provient de *L'Auréale*, nom de marque de la première teinture créée par le chimiste français Eugène Schueller en 1907.

Marlboro

déformation de Marlborough, comté britannique où habitait au XIXe siècle Philip Morris, négociant de tabac britannique.

Klaxon

oui, il s'agit bien d'une marque commerciale dont le nom provient du grec *klazō* (« hurler »).

Corail

contraction de *confort-**rail***.

Aux Enfers Dante a rencontré,
On ne dit ; mais Virgile ânon
Il n'y a bon sang sur son nom ?
S'il vous plaît Monsieur l'effaré !

Ce quatrain d'octosyllabes, non ponctué,
semble difficile à comprendre.

Difficile de comprendre aussi pourquoi
on le dit « non ponctué ».
C'est que les signes de ponctuation n'y servent pas
à la ponctuation : ils représentent des mots du texte.
En les rétablissant dans leur fonction réelle
et en faisant apparaître la réelle ponctuation,
le texte perd ses rimes et ses octosyllabes,
mais il devient beaucoup plus clair :

– Aux Enfers, Dante a rencontré Virgule.
– On ne dit point Virgule mais Virgile, ânon !
Il n'y a, bon sang, sur son nom, point d'interrogation.
– S'il vous plaît, Monsieur l'effaré, point d'exclamation !

Définitions

BICOQUE [bikɔk] **n. f.** Objet qui possède deux coques.

« N'est-elle pas jolie, ma bicoque ? me demanda-t-elle en me désignant une noix. »

CENT-HEURES [sãtœr] **n. f. pl.** Période de quatre jours et quatre heures. *« Après m'être échiné tout ce temps, je sentais le poids de cent-heures. »*

DÉCAPOTE [dekapɔt] **n. m.** Groupe de dix amis. *« Le side-car transporte le couple, le minibus le décapote. »*

HEXAMAIN [ɛxamɛ̃] **n. m.** Personne qui possède six mains. *« Les divinités indiennes étaient finement dessinées, l'hexamain était détaillé. »*

HEPTASŒUR [ɛptasœr] **n. m.** Qui a sept sœurs. *« Pendant que les filles tournaient la crème, l'heptasœur battait le beurre. »*

PENTALONG [pɛ̃talɔ̃] **adj.** Cinq fois plus long. *« Le pentalong est un résultat fréquent dans l'érection. »*

MILLITERRE [militɛr] **n. m.** Le millième d'une terre. *« Sur ce champ de bataille chaque milliterre fut piétiné. »*

TRIPOTE [tripɔt] **n. m.** Trio d'amis. *« Le samedi soir, des tripotes accostaient les filles sur les boulevards. »*

UNIVERS [ynivɛr] **n. m.** Poème d'un seul vers. *« Il considéra l'univers et soupira : mais à quoi ça rime ? »*

Mots d'exceptions

Ces mots exceptionnels ont le charme enrageant de la désobéissance. Ils sont nombreux et tous tirent dans leur coin. En français, l'exception est si nourrie qu'elle en est régulière.

DOUX

Le seul adjectif se terminant par un –x ayant son féminin en –ce : *on est douce mais jalouse et belliqueuse.*

FAUX

Le seul adjectif (avec *roux*) se terminant par un –x ayant son féminin en –sse. *La fausse rousse était nerveuse.*

GLACIAL

L'un des sept adjectifs en –al (avec *banal, bancal, fatal, final, natal* et *naval*) qui forment leur pluriel en –als (et non en –aux). *Les airs glacials sont inamicaux.*

FESTIVAL

L'un des dix noms en –al qui ont leur pluriel en –als (et non en –aux). *Les cérémonials des carnavals prévoyaient des festivals, des bals, des récitals. Toutes les autorités avaient donné leurs avals. On danserait à s'en faire des cals, on dévorerait des chacals tués sur des pals, quels régals !*

FRAIS

Le seul adjectif en –ais qui n'a pas son féminin en –aise (comme *portugaise*) ou en en –aisse (comme *épaisse*). *Fraise n'est pas fraîche !*

ÉMEU

L'un des quatre noms en –eu (avec *bleu*, *lieu* – le poisson – et *pneu*) qui ont leur pluriel en –eus (et non en –eux). *Faites vos adieux aux émeus.*

LANDAU

Le seul nom en –au (avec *sarrau*) prenant un s au pluriel. *Les landaus encombrent les préaux.*

SOT

L'un des trois adjectifs en –ot (avec *pâlot* et *vieillot*) qui redoublent leur t au féminin. *L'idiote est sotte, le petiote pâlotte, la bigote vieillotte.*

BIJOU

Premier mot d'une litanie enfantine de sept mots en –ou (avec *caillou, chou, genou, hibou, joujou, pou*) qui ont leur pluriel en –oux. *Échange bijoux contre bisous.*

BAIL

L'un des huit mots en –ail (avec *corail, émail, fermail, soupirail, travail, vantail, vitrail*) qui ont leur pluriel en –aux. *Les détails des baux.*

Mots record

La langue française a, elle aussi, ses champions.
Voici un palmarès :

TURLUTUTU

CATÉGORIE

Mot qui contient le plus de U à l'exception de toute autre voyelle.

EX-ÆQUO

AYE-AYE
YOUYOU

CATÉGORIE

Plus long mot ne comportant que des voyelles.

HÉTÉROGÉNÉITÉ

CATÉGORIE

Mot comportant le plus d'accents (tous sont aigus !).

CONSTITUTIONNALISANT

CATÉGORIE

Plus long mot sans E.

EX-ÆQUO

STYLOGRAPHIQUE
XYLOGRAPHIQUES

CATÉGORIE

Plus long mot qui n'a que des lettres différentes.

ALUMINOSILICATE

CATÉGORIE

Plus longue alternance de voyelles et de consonnes.

Mots énigmatiques

Cette élégante énigme, écrite par Voltaire,
est très connue:

Cinq voyelles, une consonne,
En français composent mon nom,
Et je porte sur ma personne
De quoi l'écrire sans crayon.

Tout aussi connue est la réponse : oiseau.

Aussi, en voici trois nouvelles.

1 En oiseau lisez mes voyelles,
Mes consonnes en rediront.
Je suis la machine actuelle
Pour les écrire sans crayon.

2 **M**on nom apparaît bien ici
On peut me voir parmi mes frères
Très gros car je les définis.

3 JE SUIS CINQ FOIS DANS CE POÈME
JE SUIS ABSENT DU PREMIER VERS
MAIS SUIS TROIS FOIS DANS LE DEUXIÈME
ET ICI ON ME VOIT EN CLAIR.

SOLUTIONS

1 • Ordinateur (mot écrit avec les 5 voyelles de OISEAU et les 5 consonnes de REDIRONT)

2 • MOT qui apparaît en acrostiche... et donc en majuscule.

3 • La lettre R

Marcel Proust
en un mot

À la demande d'un professeur de lettres à l'esprit schématique, un groupe d'étudiants devait trouver un mot qui à lui seul symboliserait et définirait Marcel Proust. Décontenancés, ils allèrent interroger trois spécialistes d'études proustiennes.

Le premier leur répond : « Marcel Proust a consacré sa vie à écrire et ne s'est révélé à ses propres yeux qu'une fois son œuvre écrite. Il y aura travaillé toute son existence. Il faut voir ses manuscrits, ses fameuses paperolles, ces papiers biffés, griffonnés, toujours repris, pour comprendre qu'il était par essence un homme de recherche. Tout Marcel Proust est là, dans ces ratures. »

Le deuxième leur dit : « Ce qui me semble le mieux symboliser Proust, c'est un lieu et ce lieu, c'est son lit. Marcel Proust, continuellement faible, insomniaque et malade, aura passé une bonne part de son temps dans sa chambre, il aura considéré le monde depuis son lit. D'ailleurs, à peine commence-t-il la *Recherche* qu'il parle d'aller se coucher. »

« Pour moi, leur dit le troisième, ce qui symbolise Proust, ce n'est pas la fameuse madeleine, mais plutôt le thé dans lequel Marcel la laisse s'amollir. C'est l'addition du thé et de la madeleine qui est à l'origine du processus de mémoire involontaire. Seulement, le thé me semble un symbole plus proustien, car le mot désigne aussi un rite mondain. Et j'aime par ailleurs cette idée d'infusion, représentative, je trouve, du mode perceptif de Proust. »

Également convaincus par chacun, les étudiants écrivirent à leur professeur :
« Il nous est impossible de vous proposer un mot emblématique pour Marcel Proust, il nous en faut trois : lit, thé, ratures. »

Le poids des mots

On appelle valeur gématrique d'une lettre son rang dans l'alphabet : A vaut 1, B vaut 2, C vaut 3, etc. On obtient la valeur gématrique d'un mot en additionnant celle des lettres qui le composent. Chaque mot possède ainsi un « poids » (un poids symbolique).

Quel est le poids du mot **léger** par exemple ?

12 + 5 + 7 + 5 + 18 = 47

Léger pèse 47. Ce qui est inférieur à 70, qui est le poids de **lourd** : bien évidemment, **léger** est plus léger que **lourd**.

POURSUIVANT CES PESÉES SUR D'AUTRES MOTS, ON N'EST PAS SURPRIS DE CONSTATER QUE :

- la **paille** (55) est plus légère que la **poutre** (95),
- la **neige** (40) est plus légère que la **pluie** (63),
- l'**aérien** (52) est plus léger que le **terrien** (89),
- les **vacances** (68) sont moins pesantes que le **travail** (83),
- la **comédie** (54) est plus légère que la **tragédie** (69),
- **Mozart** (93) est plus léger que **Beethoven** (96),
- la **salade** (42) est plus légère que le **cassoulet** (115) ou que la **choucroute** (129),
- et que **Lola Montes** (126) était une fille bien plus légère que **Bernadette Soubirous** (233).

LE CALCUL GÉMATRIQUE PERMET DE COMPARER LES POIDS D'ÉLÉMENTS DIFFICILES À PESER DANS LA RÉALITÉ. IL NOUS APPREND AINSI QUE l'hérédité (74) est plus lourde que le destin (71) et que la main (37) est plus lourde que le pied (34).

LE CALCUL GÉMATRIQUE BALAIE SURTOUT DE NOMBREUX PRÉJUGÉS. AINSI NOUS APPREND-IL QUE :

- le gramme (57) pèse plus que le kilo (47),
- la plume (67) est plus lourde que le plomb (58),
- le roseau (79) est plus lourd que le chêne (35),
- la bulle (52) pèse plus que la bille (40),
- le sumo (68) est plus léger que la sylphide (98),
- Obélix (67) est plus léger qu'Astérix (96),
- le papillon (95) est plus lourd que la baleine (48),

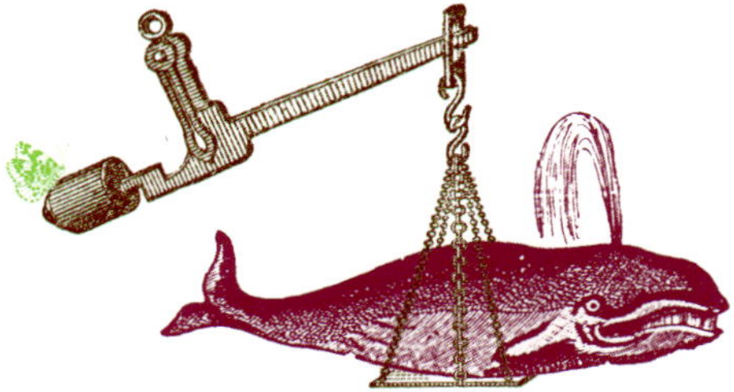

- une fracture (92) est une blessure plus légère qu'une égratignure (125),
- la sidérurgie (115) est une industrie moins lourde que la serrurerie (136),
- et, enfin, que le canon (47) est une pièce d'artillerie moins lourde que le pétard (64).

Enfin, on dit parfois des paroles qu'elles sont légères et de silences qu'ils sont lourds. La gématrie les met d'accord : ils sont de même poids (86).

Les aptonymes d'Alain Zalmanski

Depuis 2002, Alain Zalmanski répertorie les personnes dont le nom est étroitement lié à leur activité professionnelle. Un tel nom s'appelle un aptonyme (c'est-à-dire un nom qui révèle une aptitude) et Alain Zalmanski en a collecté plus de 1 200 à ce jour. Voici une courte sélection d'aptonymes de personnalités.

Jean-Pierre Allaux
aquarelliste,
peintre officiel de la Marine

Désiré Dondeyne
chef d'orchestre

Jean-Louis Cheminée
volcanologue français

Jean de La Fontaine
maître des Eaux et forêts
de Louis XIV

Serge Lagauche
sénateur socialiste
du Val-de-Marne

Édith Cresson
ministre de l'Agriculture
(1981-1983)

Yvette Loreilhe
directrice musicale
du « Chant du Monde »

Jacques Delors
ministre des Finances
(1981-1984)

Jean-Pierre Luminet
astrophysicien,
spécialiste des trous noirs

Philippe Massebeuf
président du Syndicat National des Entreprises de Fitness

Lucien et Marius Petitpa
maîtres de ballet

Jacques Potdevin
Président de la Fédération des Experts-comptables Européens

Lucien Mortel
président de la société de tir de Meximieux (Ain)

Pascal Ragot
porte-parole de Métaleurop

Franck Mouthon
chercheur au CEA, spécialiste du prion

Pierre Plouffe
champion québécois de ski nautique

Philippe Schuth
footballeur

Pierre Pay-Pay
gouverneur de la banque centrale du Zaïre

Lucien Plantefol
botaniste

Sasha Waltz
chorégraphe

Patrick Petitjean
président de l'association des personnes de petite taille

Henri Poincaré
mathématicien

Marco Velo
coureur cycliste italien

Vous pouvez découvrir les aptonymes d'Alain Zalmanski et l'état de ses recherches sur l'aptonymie en consultant son site : www.fatrazie.com

Cinémots

On écrit les cinémots comme les autres mots,
mais avec un clavier bien particulier.

Boy A film britannique de John Crowley (2009), *Jane B* film français d'Agnès Varda (1987), *Escalier C* film français de Jean-Charles Tachella (1985), *D* film indien de Vishram Sawant (2005), *Wall-E* film américain d'Andrew Stanton (2008), *F comme Fairbanks* film français de Maurice Dugowson, *Mister G* film américain de Stephen Hereck (1998), *L'Histoire d'Adèle H* film français de François Truffaut (1975), *I comme Icare* film français de Henri Verneuil (1979), *The private file of J. Edgar Hoover* film américain de Larry Cohen (1977), *Hanna K.* film français de Costa Gavras (1983), *Lady L* film franco-italo-britannique de Peter Ustinov (1965), *M. le Maudit* film allemand de Fritz Lang (1931), *Monsieur N.* film franco-britannique d'Antoine de Caunes (2002), *Histoire d'O* film franco-allemand de Just Jaeckin (1975), *Melissa P* film américo-italo-espagnol de Luca Guadignino (2006), *John Q* film américain de Nick Cassavetes (2001), *R... ne répond plus* film belge de Jean-Pierre et Luc Dardenne (1981), *S. Darko* film américain de Chris Fisher (2009), *Docteur T et les femmes* film américo-allemand de Robert Altman (2000), *U* film français de Serge Elissalde (2005), *V pour Vendetta* film américain de James McTeigue (2006), *W l'improbable président* film américain d'Oliver Stone (2008), *Pola X* film français de Léos Carax (1998), *Mademoiselle Y* film français d'Hélène Fillières (2006), *Z* film franco-algérien de Costa Gavras (1969)

Boy A
Z
Wall-E
R... ne répond plus
Docteur T et les femmes
Mademoiselle Y
U
I comme Icare
Histoire d'O
Melissa P
John Q
S. Darko
D
F comme Fairbanks
Mister G
L'Histoire d'Adèle H
The private file of J. Edgar Hoover
Hanna K.
Lady L.
M. le maudit
W l'improbable président
Pola X
Escalier C
V pour Vendetta
Jane B
Monsieur N.

Les mots de la Bible

Quand vous dites amen, hosanna, alléluia,
quand vous parlez de Satan, *du* Messie *ou de l'*Éden,
*vous êtes conscients d'utiliser des noms d'origine biblique.
Mais savez-vous que vous en employez également
si vous prononcez les phrases suivantes ?*

Leur tohu-bohu
a réveillé mon chérubin.

La chambre du benjamin
était un vrai capharnaüm.

Mais arrêtez
vos jérémiades,
bande de niguedouilles,
ce jubilé représente
une manne pour nous !

Tohu-bohu Transcription de la locution hébraïque *tohû webohû,* qui désignait, dans la Genèse, le chaos avant la création du monde. Il est passé en français pour exprimer un grand désordre.

Chérubin Nom issu de l'hébreu *kerūb,* qui, dans l'Ancien Testament, désignait un ange. Et aujourd'hui, par extension, un enfant charmant.

Benjamin Dans la Bible, Benjamin est le plus jeune fils de Jacob, et son préféré. Le mot a désigné soit l'enfant préféré de ses parents, soit le plus jeune d'un groupe. C'est cette seconde acception qui est la plus répandue aujourd'hui ; le *benjamin* désigne d'ailleurs aussi un jeune sportif de la classe d'âge 10-11 ans.

Capharnaüm Capharnaüm était une ville de Galilée où Jésus attira la foule devant sa porte. Le mot désigne un lieu qui contient un grand nombre d'objets en désordre.

Jérémiade Ce nom fait allusion au livre des *Lamentations,* dans l'Ancien Testament, écrit sans doute par le prophète Jérémie. Il désigne des plaintes incessantes et importunes.

Niguedouille Nicodème (ou Nigodème), membre du Sanhédrin, posait à Jésus des questions faussement naïves. Son nom, répandu par la littérature médiévale, a donné *nigaud,* puis par altération *niguedouille.*

Jubilé Ce nom vient de l'hébreu *yôbel,* qui désigne un cor en corne de chèvre. Dans la religion judaïque ancienne, il désignait une fête célébrée tous les cinquante ans. Par extension, il peut désigner la célébration du cinquantenaire de l'entrée dans une fonction ou (dans le sport) une cérémonie honorant un joueur ayant longtemps rendu service à une équipe.

Manne Ce terme issu de l'hébreu *mân* désigne, au départ, la nourriture que les Hébreux reçurent miraculeusement du Ciel pendant la traversée du désert. Par extension, une manne désigne une source abondante de nourriture ou d'enrichissement.

Nuages de mots

Ces nuages de mots sont une représentation des mots les plus souvent associés à un mot-clef sur Internet. Plus les mots sont fréquemment associés à ce mot-clef, plus ils apparaissent gros dans le nuage. Découvrons les termes associés aux noms de trois péchés capitaux : gourmandise, luxure et colère.

gloutonnerie
bonbon
cœur
saveurs
aliments
recettes
synonyme
goût
gourmandise
enfants
thés
péché capital
boutique
cuisine
terroir
défaut
chocolat
plaisir

animations

péché sortir à Paris

verre orgueil luxe femmes

avarice luxure femme plaisirs sexuels

synonymes filles bubble

Bizen

plus beau worldmusic

soirée dvd plaisir

désir

violence

haine

façon sentiment nécessaire

enfants

émotions santé

dieu

psychologie colère gouvernement

amour

réagir émotion

pouvoir

femme vidéo cœur

Amoureux des mots / amoureux des livres

Les amoureux des mots tireront sans doute beaucoup de plaisir dans la lecture des ouvrages suivants :

Carte de lecteur n°

Alice au pays du langage
Marina Yaguello – Éditions du Seuil
MARS 1981

Anagrammes, pour sourire et rêver
Jacques Perry Salkow – Éditions du Seuil
AVR. 2009

Anthologie de l'OuLiPo
Édition de Marcel Bénabou et Paul Fournel – Poésie Gallimard
JUIN 2009

Art Dico
Thora van Male – Éditions Alternatives
JAN. 2005

AZERTY l'alphabet du monde
Massin – Éditions Gallimard
SEP. 2004

Des ans et des ânes
Jacques Jouet – Éditions Ramsay
SEP. 1988

Dictionnaire extraordinaire des mots ordinaires
René Droin – Éditions Belfond
FÉV. 2001

Jeux de lettres, jeux d'esprit
Michel Laclos – Éditions Marabout
1977

L'Esprit de la lettre
Thora van Male – Éditions Alternatives
MAI 2007

N° JS 49

L'Étonnante Histoire des noms de mammifères, de la musaraigne étrusque à la baleine bleue Henriette Walter et Pierre Avenas – Éditions Robert Laffont	AVR. 2003
La Contrepèterie Joël Martin – Éditions PUF (collection Que sais-je ?)	MARS 2009
Le Dictionnaire des Papous dans la tête Françoise Treussard – Éditions Gallimard / France Culture	MAI 2007
Les Mots ont des visages Joël Guenoun – Éditions Autrement	DÉC. 2002
Lexik des cités illustré Collectif – Éditions Fleuve Noir	OCT. 2007
Mots croisés précédé de Considérations de l'auteur sur l'art et la manière de croiser les mots Georges Perec – Éditions POL	JUIN 1999
Mots en forme Éric Angélini et Daniel Lehman – Éditions Quintette	SEP. 2001
Notes / sténo, anagrammes Alain Chevrier – RdL (collection Formules)	MAI 2009
Pour tout l'or des mots Claude Gagnière – Éditions Robert Laffont	JAN. 1998
Sky my husband ! L'intégrale ! Jean-Louis Chifflet – Éditions Points (collection Goût des Mots)	NOV. 2008
Typoésie Jérôme Peignot – Éditions de l'Imprimerie Nationale	SEP. 1994

À ces mots le corbeau
Ne se sent plus de joie.

bon pour

un bon mot

bon pour

un mot gentil

bon pour

redresser un mot DE TRAVERS

bon pour

un mot d'esprit

bon pour

un mot d'excuse

bon pour

un mot tendre

bon pour

un mot D'ENCOURAGEMENT

bon pour

un *petit* mot

bon pour

un GROS mot

bon pour

un JEU de mots